# COMPRENDRE

## le règlement européen sur les données personnelles

# SANS ÊTRE JURISTE

### Nicolas Courtier

**Éditeur :**

Data Accountability Services

RCS : 832 761 340

2, rue Odette Jasse - 13 015 Marseille

www.data-accountability.com


**Conception et mise en page ouvrage papier et epub :**

Catherine Verchère-Julia - julia.verchere@gmail.com


**ISBN :**

978-2-9563532-0-1


**Dépôt légal :**

Février 2018

Cet ouvrage a été achevé d'imprimer en Union européenne par Lulu.com

**Remerciements :**

Merci à Julie Girard de la société Manageo pour sa relecture

et le dialogue intervenu pour chacun des articles qui ont été réunis dans cet ouvrage

# Sommaire

# Préface

La société de l'information que l'on a longtemps promise est advenue. L'essentiel de nos communications est désormais numérique : nous produisons des données à chaque étape de nos vies, si bien que la personne elle-même peut être appréhendée comme l'agrégat de données qui se rapportent à elle. Cette « datification » est riche d'autant de promesses que de risques. Grâce au traitement des données, il est possible de créer davantage de services ou de biens, souvent plus en phase avec l'attente des individus ; il est également possible d'organiser des systèmes de surveillance très fine garantissant une meilleure sécurité des hommes comme des infrastructures. Mais ce bénéfice a un revers : plutôt que de se voir offrir une police d'assurance, celui-ci se la verra refusée à cause du profil réalisé grâce à la collecte des données du véhicule intelligent qu'il conduit ; celui-là ne pourra pas emprunter de l'argent parce ses habitudes de consommation auront été répertoriées lors de ses achats de course sur Internet.

L'enjeu est donc de trouver un équilibre entre l'incontournable libération des flux de données qui constituent une nouvelle richesse du XXIème siècle et la non moins impérieuse nécessité de protection des individus. La France s'est attelée à cette tâche depuis 1978 et la CNIL est garante, depuis lors de la protection des données à caractère personnel en France. Mais le phénomène est désormais mondial et appelait une réponse au moins européenne. C'est chose faite. Le règlement général pour la protection des données personnelles applicable au sein de l'Union européenne entre en vigueur le 25 mai 2018 et introduit un certain nombre de nouveaux principes (portabilité, recours collectifs...) qu'il faut connaître et d'obligations qu'il convient d'appliquer. Le présent ouvrage, rédigé de manière pédagogique et à destination de tous, permettra de mieux les identifier.

Surtout, ce nouveau règlement appelle un changement radical des pratiques car, plutôt que de soumettre leurs projets à une déclaration devant la CNIL, ceux qui traitent des données à caractère personnel doivent maintenant intégrer en amont, dans leurs politiques, les réflexes « protection » : « privacy by design », « privacy by default » pour rendre compte (« accountability ») à tout moment de la conformité de leurs traitements. Ils y sont d'autant plus incités que les sanctions encourues en cas non-conformité sont substantiellement aggravées.

Ainsi, au-delà de la simple connaissance des textes, une vraie culture de la protection des données à caractère personnel doit être mise en place et ceci concerne tout le monde – car tout le monde produit ou utilise aujourd'hui des données à caractère personnel. Nicolas Courtier, avocat spécialisé de longue date, s'attache précisément à mettre à disposition son expertise au lecteur, avec des solutions simples et efficaces, pour l'accompagner dans les choix stratégiques qui déterminent ces nouvelles pratiques. En cela, son ouvrage n'est pas seulement utile, il est indispensable.

**Valérie-Laure Benabou**
*Professeur université Aix Marseille*
*Directrice du master PINTA*
*(Propriété Intellectuelle Numérique*
*et Technologies Avancées)*

# # 1

# Présentation

Le Parlement européen a adopté en 2016 de nouvelles dispositions concernant la protection des données personnelles.

Ce Règlement Général sur la Protection des Données (RGPD en français et GDPR en anglais) renforcera les droits des citoyens européens et le contrôle sur leurs données personnelles.

Il entrera en vigueur le 25 mai 2018 et s'appliquera à chaque organisme (TPE, PME, grands groupes, collectivité, association) qui collecte de la donnée sur ses clients.

Le RGPD va remplacer tous les précédents textes nationaux, comme notamment la loi informatique et libertés et celle-ci devra au minimum être adaptée. Mais, comme dans la précédente législation, le règlement repose sur les principes de loyauté, de licéité (n'être contraire à aucune disposition légale) et de transparence des traitements.

Les trois notions de base sont :

- un traitement de données, qui est la porte d'entrée vers l'application du Règlement
- les données à caractère personnel, qui sont envisagées de façon très large,
- et un responsable du traitement qui est la personne qui va devoir mettre en œuvre les obligations du Règlement et assumer la responsabilité de sa bonne application.

Le texte distingue les données particulières (appelées auparavant « sensibles »), qui font l'objet d'un régime beaucoup plus strict quant à la possibilité d'opérer des traitements à leur sujet, des données « *simplement* » personnelles.

## Le traitement doit être légal !

Dans tous les cas, le traitement doit être légal, c'est-à-dire qu'il doit :

- Avoir le consentement de la personne concernée,
- Etre nécessaire à l'exécution d'un contrat,
- Respecter une obligation légale,
- Servir à protéger des intérêts vitaux d'une personne,
- Servir à exécuter une mission d'intérêt public,
- Relever de l'exercice de l'autorité publique,
- Etre réalisé aux fins d'intérêts légitimes.

Tous ces cas seront détaillés dans les différents chapitres.

## Toutes les données personnelles sont concernées

Pour échapper à l'application du Règlement, il faut que les données ne soient pas personnelles (c'est-à-dire toutes les autres données pour lesquelles une nouvelle législation est aussi en discussion à Bruxelles), soient anonymes (ce qui est à distinguer des données pseudonymisées) ou ne concernent pas des personnes vivantes.

## Des droits des personnes renforcés

Pour les personnes dont les données vont faire l'objet de traitements (les personnes concernées), le Règlement maintient les droits existants dans la législation précédente, qui sont globalement connus du grand public : le droit d'être préalablement informé, le droit de consentir, le droit d'accès, le droit de rectification et le droit d'opposition.

Mais, surtout, il en ajoute de nouveaux car les personnes concernées vont, dès l'entrée en vigueur du nouveau Règlement, bénéficier :

- d'un renforcement de l'information fournie lorsque leur consentement est réclamé,
- d'un encadrement très strict du profilage (*profiling*),
- de la création d'un droit général à l'oubli,
- d'un droit à la limitation des traitements,
- d'un droit à la portabilité,
- et il est créé une protection spécifique pour les mineurs.

\# **Le Règlement a pour but de fournir une législation qui soit à la fois la même pour toute l'Union Européenne et qui crée un régime de traitement des données personnelles adapté à l'état actuel des techniques et de l'innovation.**

## Une nouvelle logique d'autocontrôle

Pour cela, le Règlement met fin à l'obligation obsolète de déclaration préalable des traitements et instaure un régime fondé sur la notion d'accountability. Il s'agit d'un formalisme interne qui doit être mis en œuvre dans une logique d'autocontrôle et de documentation. C'est la notion principale du nouveau Règlement à laquelle nous consacrerons une grande partie du troisième chapitre.

Pour justifier du respect de l'accountability, les responsables du traitement devront documenter leur activité dans un registre des traitements qui sera obligatoire pour les entreprises ou organisations de 250 salariés et plus. Pour les entreprises de moins de 250 salariés, la tenue de ce registre sera obligatoire seulement si le traitement :

- comporte un risque pour les droits et les libertés des personnes concernées,
- n'est pas occasionnel,
- ou porte notamment sur les catégories particulières de données.

Même hors de ces cas, il sera extrêmement conseillé, pour tous, d'en tenir un.

## De nouveaux impératifs pour la création des traitements

Les autres notions nouvelles sont la *Privacy by design*, qui consiste à intégrer la protection de la vie privée dans la conception des outils technologiques, et la *Privacy by default*, dont l'objet est de garantir pour chaque collecte, par défaut, le plus haut niveau possible de protection des données. Elles devront être respectées pour la création et l'exploitation de chaque traitement.

Apparaissent aussi les notions de minimisation et l'obligation de réaliser des analyses d'impact pour les traitements à risque qui sont des éléments fondamentaux du nouveau régime des traitements de données personnelles et qui seront étudiés plus loin en détail.

## Un nouveau métier : Data Protection Officer

Outre la mise en œuvre du registre des traitements, les responsables du traitement devront, dans certains cas, obligatoirement, ou pourront, pour les autres, par choix, nommer un DPO (*Data Protection officer*). Il s'agit d'une nouvelle fonction pour laquelle le Règlement crée un cadre légal spécifique et précis ; protecteur pour ceux qui s'en empareront.

Les régimes de la cotraitance et de la sous-traitance des traitements seront désormais clairement fixés et apparaissent des obligations d'informer les titulaires de droits, des failles de sécurité et de répondre à des demandes de portabilité des données.

## Des amendes importantes et surtout une nouvelle logique de sanction

Des amendes administratives très importantes sont créées puisque, lors de la violation des obligations les plus importantes de ce nouveau Règlement, elles pourront aller jusqu'à 20 millions d'euros ou 4% du chiffre d'affaires annuel mondial.

\# **Mais c'est surtout la logique de la répression qui change car le montant de la sanction devra être adapté au regard du respect par l'entreprise des règles d'accountability, de sa bonne foi ainsi que de son esprit de collaboration avec l'autorité.**

Les sanctions, qui s'inscrivent dans une échelle de progressivité, feront donc l'objet d'âpres négociations. La notion de Droit Européen de Recours effectif est très présente au profit des titulaires de droits. Les voies de recours sont réorganisées pour les responsables du traitement qui seront poursuivis ou sanctionnés.

Enfin, le nouveau Règlement prévoit une réorganisation complète des institutions en charge de la mise en œuvre de cette législation et il modifie aussi en profondeur les règles de transfert ou d'échange de données hors de l'Union Européenne. Des certifications et des labels vont être créés afin d'attester de la conformité au Règlement.

## Au final une opportunité de reprendre la main et de valoriser le patrimoine immatériel

\# **Le RGPD est l'occasion de repenser tous les processus de traitement de données de l'entreprise et de se les réapproprier, de mettre les bases de données à jour, d'adopter de bonnes pratiques, de renforcer la sécurité et la qualité des systèmes d'information.**

Au-delà des contraintes, des coûts et des opérations nécessaires à la transition vers le respect des obligations de ce nouveau régime légal, c'est une opportunité de prendre conscience de la valeur de son ensemble informationnel et de créer de nouvelles sources de rentabilité à partir des données.

# # 2

# Connaître les principes qui rendent un traitement de données personnelles conforme au RGPD

Comme détaillé précédemment, le RGPD est le nouveau Règlement européen qui s'appliquera pour la protection des données personnelles à compter du 25 mai 2018.

Avant d'aborder les rôles des acteurs de cette réforme et les outils que le Règlement leur propose, il est important de comprendre les définitions de base et les principes qui doivent s'appliquer, notamment lors d'un traitement de données.

En effet, si le nouveau Règlement impose aux responsables du traitement de mettre en œuvre des mécanismes (que nous décrirons dans les chapitres suivants et dont certains sont très novateurs), ils doivent d'abord et à tout moment appliquer des principes précis qu'il faut connaître et avoir à l'esprit pour aborder tout ce qui concerne les données personnelles.

## Rappel des définitions de base dans le cadre du RGPD

Dans tous les cas, on va se trouver en présence d'un traitement de données personnelles, mis en œuvre par un responsable du traitement, pour traiter les données de ceux qui seront les personnes concernées.

Un traitement de données personnelles peut être toute opération ou ensemble d'opérations qui portent sur ce type de données. Il peut s'agir de collecte, d'enregistrement, de conservation, d'adaptation ... Une simple consultation ou même une suppression est un traitement de données.

Le responsable du traitement est la personne, l'autorité publique, le service ou l'organisme qui détermine les finalités et les moyens de ce traitement de données. Donc, par défaut, c'est le dirigeant de l'entreprise, le dirigeant de la collectivité ou le président de l'association. La rédaction des délégations de pouvoir sera l'un des sujets fondamentaux.

La personne concernée est celui auquel les données appartiennent, une personne physique identifiable.

Pour être en mesure de justifier de la conformité des traitements, le nouveau Règlement apporte une logique radicalement différente : l'accountability. Elle sera expliquée dans un prochain chapitre mais ce changement de paradigme, pourtant fondamental, ne bouleverse pas les grands principes qu'il faut d'abord connaître.

## Les principes à respecter pour construire et administrer un traitement de données

Les grands principes qui existaient déjà avec la loi « Informatique et libertés » de 1978 et la Directive européenne de 1994, dont est issu le régime légal qui s'applique encore aujourd'hui jusqu'à l'entrée en vigueur du Règlement le 25 mai 2018, demeurent. Mais ils sont réaffirmés, revisités et complétés.

\# **Les trois principes majeurs qui régissent le traitement de données sont la loyauté, la licéité et la transparence.**

La loyauté signifie que les traitements ne peuvent porter que sur des données à caractère personnel qui sont collectées et traitées sans chercher, même par omission, à tromper la personne dont les données sont collectées.

La licéité signifie qu'une collecte de données à caractère personnel ne doit heurter aucune disposition législative ou réglementaire contraire.

Le Règlement est un régime autonome et homogène mais pas un écran pour se protéger des autres obligations légales sur le seul critère d'un respect formel de ses règles.

\# **Un traitement de données personnelles doit respecter le Règlement et toutes les législations applicables, quels que soient les objectifs qu'elles poursuivent.**

La transparence, c'est la finalité qui est poursuivie par le traitement. Elle doit concerner tous ses aspects tels que les catégories de données collectées ou la durée de conservation.

\# **Le Règlement indique que les données doivent être collectées pour des finalités déterminées, explicitées, légitimes et ne pas être traitées ultérieurement en contradiction avec ce pour quoi elles avaient été collectées. On parle aussi de « proportionnalité à la finalité ».**

## Les fondements sur lesquels doit s'appuyer un traitement de données personnelles

Le traitement doit aussi reposer sur un des fondements que le Règlement autorise et donc avant de démarrer un traitement de données personnelles, il faut s'assurer qu'il peut correspondre à l'un d'entre eux.

- Avoir le consentement de la personne concernée va permettre de traiter des données issues d'un accord direct de la personne, sans justification externe à cet accord.
- Etre nécessaire pour l'exécution d'un contrat signifie que le traitement ne va pas être l'objectif principal de l'accord. Les données sont nécessaires aux objectifs du contrat qui ne porte pas principalement sur leur traitement.

- Respecter une obligation légale est le cas où le traitement ne trouve pas son fondement dans un accord mais dans l'application d'une règle.
- Il peut aussi servir à protéger les intérêts vitaux d'une personne, là encore sans consentement préalable.
- Le fondement pourra exister si le traitement de données est nécessaire pour exécuter une mission d'intérêt public ou qu'il relève de l'exercice de l'autorité publique.
- Si la plupart de ces définitions sont claires, la dernière, à savoir être réalisé aux fins d'intérêts légitimes, est plus complexe et nécessite d'être appréciée au cas par cas. Ce pourra être, par exemple, l'utilisation de données personnelles pour se défendre en justice ou faire valoir un droit fondamental.

Le droit des données personnelles est issu du droit au respect à la vie privée qui est lui-même un des droits protégés par la Convention Européenne des Droits de l'Homme et directement protégée par la Charte des droits fondamentaux de l'Union européenne. Sa protection sera donc « *mise en balance* » par les juridictions, à chaque fois qu'il sera confronté à l'un des autres droits fondamentaux.

## La mise en application d'un traitement de données personnelles

Les données traitées doivent aussi être adéquates, pertinentes et limitées à ce qui est nécessaire, au regard des finalités pour lesquelles elles sont traitées.

### # C'est la notion de minimisation des données.

Les données doivent, bien entendu, être exactes et pour cela elles doivent être tenues à jour. C'est une obligation qui va être renforcée par la nouvelle législation.

En termes de gestion dans le temps, et c'est un apport fondamental du nouveau Règlement, tout traitement doit avoir une durée. Les données ne doivent pas être conservées pendant un délai qui irait au-delà de ce qui est nécessaire.

Ce n'est pas obligatoirement une date mais au minimum il faut que soit fixé une fin, liée à l'objectif poursuivi. Les données personnelles ne doivent pas être conservées sans limite, sans justification.

Aussi, les données doivent être traitées de façon à garantir une sécurité appropriée, y compris pour leur protection contre des traitements non autorisés ou illicites. Elles doivent être protégées contre la perte, la destruction ou les dégâts d'origine accidentelle ; cela inclut, bien sûr, tous les piratages et autres conséquences des failles dans la sécurité.

## C'est la valeur des données qui nécessite d'assurer la sécurité des traitements

\# **La philosophie du Règlement c'est que les données personnelles sont précieuses.**

Si la législation européenne autorise de traiter des données personnelles, cela ne doit être fait qu'en ayant conscience que pour leur titulaire, elles ont une valeur !

Les responsables du traitement doivent donc conserver et traiter cette « valeur immatérielle » avec précaution et avec la sécurité nécessaire. La mise en œuvre du nouveau Règlement est autant du droit que de la sécurité informatique, l'un n'allant pas sans l'autre.

## Les droits des titulaires des données

Les derniers de ces principes concernent les droits que possède le titulaire des données. Ils sont, pour la plupart, connus du grand public, qui en prend connaissance dans les « mentions CNIL », à chaque fois qu'on lui demande de s'identifier.

Les principes (listés dans le chapitre précédent) qui étaient déjà fixés dans la loi de 1978 demeurent, c'est surtout leur mise en œuvre qui va être renforcée par le Règlement.

De nouveaux principes apparaissent comme le droit à l'oubli, la portabilité des données ou celui d'être informé des atteintes à la sécurité des traitements.

Souvent initié par les tribunaux ou des réformes précédentes, le nouveau Règlement les intègre dans un régime global et unique pour toute l'Union Européenne.

## Le nouveau Règlement : un outil et des moyens pour tous les citoyens de l'Union

Le Règlement a pour but de fournir à l'ensemble des citoyens de l'Union Européenne les moyens de garder ou de reprendre le contrôle de leurs données personnelles mais il n'a pas été conçu pour protéger les gens contre eux-mêmes.

Il n'empêche pas les citoyens de l'Union de laisser réaliser des traitements (ou de les subir lorsque le fondement ne dépend pas de leur volonté), il leur donne les moyens de les contrôler.

La première loi, en 1978, avait principalement été écrite, au début de la diffusion de l'outil informatique, pour protéger les citoyens des traitements de leurs données par les administrations, à une époque où les technologies nécessaires n'étaient accessibles que pour bien peu d'acteurs du secteur privé.

Le nouveau Règlement est l'aboutissement d'une adaptation progressive à l'évolution de l'informatique et des communications, pour permettre que les traitements de données personnelles existent mais dans un cadre maîtrisé, alors que des outils informatiques toujours plus puissants sont désormais à la disposition de tous.

Pour faire de cet objectif une réalité, le nouveau Règlement place à la disposition des responsables du traitement de nouveaux outils que nous étudierons dans le prochain chapitre.

# # 3

# Les instruments de mise en œuvre du nouveau Règlement

Pour faire face à l'évolution des technologies, comme à l'explosion du volume des données et de leurs usages, le RGPD n'a pu se contenter des outils de la législation précédente.

Plus que dans les principes qui sont finalement assez stables, la profonde mutation qu'il apporte repose sur la modification des mécanismes qui permettent de respecter et mettre en œuvre ces principes évoqués précédemment.

## De nouveaux outils à la disposition des responsables du traitement

Le nouvel outil le plus important est celui d'*accountability*. Mais il faut aussi découvrir la *Privacy by desing*, la *Privacy by default*, la minimisation....

### Le principal nouvel instrument : l'accountability

Auparavant, le principal outil de contrôle de l'application des obligations légales consistait en une obligation de procéder à des déclarations de traitements. Le Règlement supprime cette obligation.

\# **C'est avec l'accountability que le responsable du traitement va devoir désormais, par lui-même, créer les éléments qui permettront de vérifier qu'il respecte ses obligations.**

L'accountability n'est pas une notion issue de la culture juridique française, c'est néanmoins un concept à comprendre d'urgence car il s'impose comme un instrument de plus en plus fréquemment utilisé.

On sort d'une logique ou le contrôle est réalisé sous la forme d'une enquête *a posteriori* et on bascule dans une logique d'autocontrôle.

On doit à tout moment être à même de présenter une documentation, réalisée en interne, par soi-même et avec un maximum de formalisme.

L'accountability consiste donc à documenter et tenir à jour ce qui permettra, à tout moment, de justifier du respect des obligations qui ressortent du Règlement.

Des logiciels et des web services existent et se développent pour faciliter et, en partie, automatiser cette démarche.

La loi précédente autorisait déjà, depuis 2004, les entreprises effectuant de nombreux traitements de données personnelles à se dispenser des déclarations en nommant un Correspondant Informatique et Libertés (CIL) qui, en remplacement, tenait un registre des traitements.

Ce système est repris, complété et renforcé par le Règlement : le Registre des traitements devient obligatoire pour certains et conseillé pour tous. Une nouvelle fonction est aussi créée avec des prérogatives, des pouvoirs et des moyens beaucoup plus importants que ceux du CIL (qui lui disparaît) : le Data Protection Officer (DPO), dont le statut sera détaillé dans un prochain chapitre.

Le fait d'avoir respecté toutes les obligations de cette méthode s'exprime avec le terme de compliance ou si on ne le traduit pas en étant « *compliant* ».

# La mise en œuvre de l'accountability se fait avec des outils qui sont proposés par le Règlement :

## La Privacy By Design

Cela peut être traduit par la protection de la vie privée dès la conception du traitement.

Il faut néanmoins toujours se méfier du terme *privacy* en fonction de l'interlocuteur car il n'a pas la même signification dans la législation américaine.

En droit américain, la *privacy* correspond à la défense d'un domaine plus réduit de la vie ou de l'activité des gens, alors que la notion française de vie privée est plus large et inclut des pans entiers de l'existence des personnes, quand bien même ils ne se passent pas hors du regard des autres. Les deux notions se croisent sans se rencontrer complètement.

Dans le cadre du RGPD, il s'agit de la protection de la vie privée, au sens français de ce terme ; tel que protégé par la **Convention Européenne des Droits de l'Homme** ([1]) et la **Charte des droits fondamentaux de l'Union européenne** ([2])

La vie privée, dont font partie les données personnelles, doit donc être protégée dès la conception des outils technologiques.

\# **La *privacy by design* ([3]) est une notion qui a été définie au Canada et qui, selon ses concepteurs, induit de respecter une liste d'impératifs ; c'est telle qu'elle a été définie par les canadiens qu'elle s'impose dans le Règlement :**

- *Proactive not Reactive; Preventative not Remedial* : mettre en œuvre des mesures préventives et ne pas simplement réagir ou corriger.
- *Privacy as the Default Setting* : que les fonctionnalités du traitement protègent la vie privée par défaut, sans qu'elles aient à être activées.
- *Privacy Embedded into Design* : intégrer la protection de la vie privée dans la conception des systèmes et des pratiques.
- *Full Functionality – Positive-Sum, not Zero-Sum* : que toutes les fonctionnalités soient concernées et veiller à ce que le résultat soit bénéfique à la vie privée et non simplement à somme nulle.
- *End-to-End Security – Full Lifecycle Protection* : assurer la sécurité pendant toute la durée du traitement et toute la période de conservation des données.
- *Visibility and Transparency – Keep it Open* : assurer la visibilité et la transparence. Qu'il soit possible de contrôler les mécanismes de protection de la vie privée.
- *Respect for User Privacy – Keep it User-Centric* : respecter la vie privée des utilisateurs et que ce soit au cœur des préoccupations des responsables des traitements.

## La privacy by default

En français, il vaut mieux éviter une traduction littérale et plutôt comprendre « la sécurité par défaut » des traitements de données personnelles.

Il s'agit pour chaque collecte de permettre systématiquement le plus haut niveau possible de sécurité dans la protection des traitements de données personnelles.

Il ne s'agit pas, comme l'erreur est souvent commise, d'envisager cette obligation comme la seule nécessité d'appliquer les meilleurs standards de sécurité informatique.

\# **La mise en œuvre du Règlement doit toujours être à la fois technique et juridique.**

L'esprit du Règlement est de réaliser des traitements dans lesquels il sera pris le moins de risques possibles, juridiques ou techniques, avec les données personnelles des titulaires de droits.

Cela rejoint un des autres instruments que le Règlement met à la disposition des responsables du traitement, la minimisation.

## La minimisation

Cela signifie que l'on ne doit utiliser pour les traitements que des données personnelles adéquates, pertinentes et limitées à ce qui est nécessaire.

Elles ne doivent faire partie du traitement que si elles sont en lien avec la finalité pour laquelle elles sont traitées : si vous voulez souhaiter leur anniversaire à une liste de personnes, vous n'avez pas besoin de connaître leur poids !

Il ne faut collecter que les informations strictement nécessaires, les traiter avec précaution, limiter le nombre de personnes ou d'organisations qui y auront accès et ne les traiter ou les conserver que pour le temps strictement nécessaire à l'objet du traitement.

Lorsque la justification d'une parfaite application des principes et des notions ne pourra être présentée comme une évidence, le responsable du traitement devra alors procéder à une démarche qui est définie par le Règlement, une analyse d'impact.

## L'analyse d'impact ou PIA « Personal impact assessment »

L'analyse d'impact sera obligatoire à chaque fois que le responsable du traitement ou le DPO, s'il y en a un, identifiera des risques élevés pour les droits et libertés des personnes concernées.

Le Règlement ne vise en particulier que trois catégories de traitements comme devant faire systématiquement et obligatoirement l'objet d'une analyse d'impact :

- Les évaluations systématiques,
- Les traitements à grande échelle,
- Les traitements de données particulières (sensibles).

Les cas où les analyses d'impact seront nécessaires vont, dans les faits, être assez nombreux et ils vont croître avec l'amélioration et la multiplication des outils de traitement des données (algorithmes). Le **G29** (⁴) identifie dix catégories de critères à prendre en compte.

Quant à la méthode, chaque analyse d'impact devra contenir :

- Une description systématique des opérations de traitement,
- Une évaluation de la nécessité et de la proportionnalité des opérations de traitement au regard des finalités,
- Une évaluation des risques pour les droits et les libertés des personnes concernées,
- Les mesures existantes ou prévues pour faire face aux risques et pour être en conformité avec la loi.

Il n'y aura pas d'analyse d'impact lorsque le traitement sera perçu comme ne pouvant pas engendrer des risques élevés ou lorsqu'il aura déjà été autorisé dans le cadre des formalités, de la législation précédente ; sous la réserve, bien sûr, que ces conditions de mise en œuvre ne soient pas modifiées.

En résumé, l'analyse d'impact doit permettre de vérifier le respect des principes fondamentaux décrits dans le chapitre précédent et la bonne gestion des risques liés à la sécurité des données.

Lorsque l'étude d'impact fera apparaître l'existence de risques dont la maîtrise ne pourra être justifiée par une solution claire et évidente, alors la consultation de l'autorité de contrôle sera nécessaire (la CNIL en France) pour solliciter une autorisation qui devra, bien sûr, être obtenue avant la mise en œuvre du traitement concerné.

Pour cette maîtrise des risques, outre la meilleure rédaction possible de tous les documents juridiques liés au traitement et la mise en œuvre d'une stricte sécurité informatique, trois techniques sont particulièrement mises en avant par le Règlement : l'anonymisation, la pseudonymisation et le chiffrement.

## L'anonymisation

Cela consiste à supprimer tout caractère identifiant aux données.

Tous les identifiants sont supprimés ou modifiés, rendant impossible toute ré-identification des personnes.

Cela n'est donc utilisable que lorsqu'il est ensuite possible de se passer de relier les données à leurs titulaires.

## La pseudonymisation

Cela consiste à remplacer un identifiant par un pseudonyme. Cette technique permet une ré-identification.

Cela sera par exemple utile pour transmettre des données à un sous-traitant ou à un prestataire, qui les retournera avec les résultats de ses opérations de traitement spécifique, en limitant les risques pour les titulaires de ces données. Même si elles doivent ensuite, sous le contrôle du responsable du traitement, retrouver leur lien avec les personnes pour être utilisées.

## Le chiffrement

Parfois appelé cryptage, c'est un procédé cryptographique permettant de garantir la confidentialité d'une information.

Le chiffrement est à mettre en place à chaque fois que cela sera possible.

Sur ces bases, il va être possible d'entrer un peu plus dans le détail sur la mise en œuvre d'un registre des traitements et des études d'impact, après avoir précisé la notion de donnée personnelle.

# # 4

# La notion de données personnelles dans le cadre du RGPD

Avant de poursuivre cette description du RGPD, en nous intéressant plus en détail aux droits, obligations et moyens d'actions des personnes concernées et des titulaires de traitement, il est nécessaire d'approfondir la notion de données personnelles.

Elles sont le cœur de cette législation, autour desquelles tout est construit. Pour cela, il faut se demander quelles sont ces données et où les chercher.

Les données personnelles étaient bien sûr déjà définies dans la Loi de 1978 « Informatique et Libertés » comme « *toute information relative à une personne physique identifiée ou qui peut être identifiée, directement ou indirectement, par référence à un numéro d'identification ou à plusieurs éléments qui lui sont propres* ».

La loi précise que pour déterminer si une personne est identifiable, il faut tenir compte de tous les moyens envisageables pour permettre son identification, tous ceux auxquels peut avoir accès le responsable du traitement ou toute autre personne.

## Les données personnelles et le RGPD

Le RGPD n'a pas profondément modifié cette définition.

\# **L'Article 4 du Règlement est consacré aux définitions et dans son premier point, il indique que les données à caractère personnel sont toutes les informations se rapportant à une personne physique identifiée ou identifiable, dénommée la « *personne concernée* ».**

Le Règlement précise que pour cela, il suffit de pouvoir être identifié, directement ou indirectement, notamment par référence à un identifiant :

- Un nom,
- Un numéro d'identification,
- Des données de localisation,
- Un identifiant en ligne
- Ou un ou plusieurs éléments spécifiques propres à son identité physique, physiologique, génétique, psychique, économique, culturelle ou sociale.

Au sein de ces données, un traitement de données à caractère personnel qui concerne l'origine raciale ou ethnique, les opinions politiques, les convictions religieuses ou philosophiques, l'appartenance syndicale, des données concernant la santé, la vie ou l'orientation sexuelle d'une personne physique est un traitement de données dites « *particulières* » dans le Règlement et que la Loi de 1978, que le RGPD vient remplacer, dénommait données « *sensibles* ».

## Données particulières

Avec le nouveau Règlement, les données génétiques ou biométriques deviennent aussi des données « particulières » lorsque leur traitement sert à identifier une personne physique de marnière unique.

Les traitements de données particulières sont normalement interdits. Le Règlement liste précisément les cas où, par dérogation, ils vont être possibles.

Il s'agit par exemple des cas où :

- la personne concernée a donné son consentement explicite,
- le traitement est nécessaire à la sauvegarde des intérêts vitaux de la personne concernée ou d'une autre personne,

- le traitement porte sur des données à caractère personnel qui sont manifestement rendues publiques par la personne concernée,
- le traitement est nécessaire à la constatation, à l'exercice ou à la défense d'un droit en justice,
- les juridictions agissent dans le cadre de leur fonction juridictionnelle,
- le traitement est nécessaire pour des motifs d'intérêt public important...

Mais quelle que soit leur nature, banale ou particulière, le nombre ou le volume des données n'a pas d'influence sur leur qualification et il a encore été récemment jugé que deux notes d'évaluations portant sur une seule personne et rendues accessibles sur un intranet constituent un **traitement de données personnelles** [5].

Le Règlement incite à recourir le plus souvent possible à la pseudonymisation des données personnelles. Mais ces données, qui ne font plus apparaître l'identification d'une personne, n'en sont pas définitivement séparées. Elles pourront lui être réattribuées par le recours à des informations supplémentaires. Elles demeurent des données personnelles et sont concernées par toutes les obligations du Règlement.

## Déterminer si une personne physique est identifiable

\# **Pour déterminer si une personne physique est identifiable, il faut donc prendre en considération l'ensemble des moyens qui peuvent raisonnablement être utilisés par le responsable du traitement ou par toute autre personne, pour identifier la personne physique, directement ou indirectement.**

Et pour établir si des moyens sont raisonnablement susceptibles d'être utilisés pour identifier une personne physique, il faut prendre en considération l'ensemble des facteurs objectifs, tels que le coût de l'identification et le temps nécessaire, en tenant compte des technologies disponibles au moment du traitement et de leur l'évolution.

Les seules informations qui ne sont pas concernées par l'application du Règlement, y compris lorsqu'elles sont utilisées à des fins statistiques ou de recherche, sont :

- Les informations anonymes, à savoir les informations ne concernant pas une personne physique identifiée ou identifiable.
- Les données à caractère personnel qui sont rendues anonymes afin que la personne concernée ne soit pas ou plus identifiable.

\# **Lorsque c'est une action d'anonymisation qui est menée sur des données personnelles, elle doit être irréversible. C'est la condition impérative pour les dégager de l'application du Règlement.**

Pour certains, réussir un processus d'anonymisation sera de plus en plus difficile à affirmer et à démontrer avec le développement du big data et de la puissance des algorithmes qui permettent d'en analyser le contenu.

\# **Il faut préciser avant de voir où chercher ces données que la législation ne s'applique pas aux personnes morales et pas non plus aux données à caractère personnel des personnes décédées même si les États membres peuvent prévoir des règles spéciales pour les données des défunts.**

Sur ces bases, c'est une vision extensive de la notion de « *données personnelles* » qui a été retenue, non seulement par les autorités de contrôle telles que la CNIL, qui sont dans leur rôle, mais aussi et surtout, par les juridictions, à commencer par celle qui a le dernier mot en la matière : la Cour de Justice de l'Union Européenne.

Définir la donnée personnelle en théorie est donc assez simple et c'est surtout, la nature en pratique et la localisation des données traitées qui va rendre complexe d'identifier les données personnelles, comme nous allons le voir.

Des questions vont se poser pour les données mixtes qui concernent à la fois une personne morale et une personne physique. Cela va être le cas par exemple de données sur une entreprise dans lesquelles figurent le nom de son dirigeant ou de l'une des personnes qui travaille pour elle.

\# **La notion de données personnelles est une notion « *attractive* », dès lors, en cas de données mixtes, elles seront considérées comme des données personnelles.**

## Adresse IP dynamique

La Cour de Justice a aussi jugé qu'une adresse IP dynamique (c'est-à-dire une adresse IP qui change lors de ses différentes connexions au réseau) était une **donnée personnelle** [6].

Même si l'adresse IP doit être recherchée dans une base de données pour savoir à quelle machine elle correspondait à un moment donné et que cela ne donne que l'adresse d'une machine, la Cour de Justice de l'Union Européenne estime qu'il y a là un moyen suffisant pour identifier la personne qui a utilisé la machine qui s'est connectée avec cette adresse IP dynamique et pour considérer qu'il s'agit d'une donnée personnelle.

La complexité pour identifier les données personnelles va donc principalement exister avec des données qui ne sont pas directement personnelles et elle portera sur le fait de savoir si des moyens existent, de façon réaliste, pour les rendre personnelles.

Les personnes physiques peuvent se voir associer, par les appareils, applications, outils et protocoles qu'elles utilisent, des identifiants en ligne tels que des adresses IP, des témoins de connexion (« *cookies* ») ou d'autres identifiants, par exemple des étiquettes d'identification par radiofréquence.

Ces identifiants vont laisser des traces qui, notamment lorsqu'ils sont combinés à des identifiants uniques et à d'autres informations reçues par les serveurs, peuvent alors servir à créer des profils de personnes physiques et donc à identifier ces personnes.

Les données qui accompagnent les données principales sont des métadonnées. Dans une communication téléphonique, par exemple, la donnée principale est la voix. Les données de connexion, durée, localisation, type d'appareil utilisé... sont des métadonnées.

Le débat le plus fréquent porte sur les métadonnées liées à des données de nature personnelle. Tant qu'elles demeurent liées, ce sont aussi des données personnelles.

\# **Lorsqu'il n'est plus possible de les relier aux données auxquelles elles étaient initialement attachées, ces métadonnées ne seront plus des données personnelles même si elles concernaient l'activité humaine.**

On peut parler de données « metapersonnelles », des données qui concernent les personnes mais qui ne sont pas des données personnelles car ne pouvant être reliées à une personne précise.

Elles n'en sont pas moins problématiques et une polémique a démarré en Belgique avec la vente des données par des hôpitaux : les données vendues ne concernent pas directement celles des patients mais celles des « *lits* ».

Les hôpitaux vendent à l'industrie pharmaceutique la liste de tous les soins qui ont été prodigués ou médicaments qui ont été administrés par lit et non par patient, sans donner aucun renseignement sur le patient.

Ce ne sont donc pas des données nominatives mais il existe toujours la crainte d'une **réidentification** ([7]).

Pour le cas spécifique des données de communication, un autre Règlement dont le nom est « ePrivacy » est en préparation. Il va s'agir d›une législation complémentaire au RGPD, qu'il précisera et complétera en ce qui concerne les données électroniques qui peuvent être considérées comme des données à caractère personnel.

Ce Règlement, très attendu par tous ceux qui traitent des données électroniques, est âprement discuté au sein des institutions européennes et fait l'objet d'une intense bataille des lobbys.

Mais les données qui posent le plus souvent problème sont celles dites du « shadow IT ».

Il s'agit de toutes les données qui ne sont pas directement identifiées comme personnelles dans le système d'information des entreprises et qui relèvent néanmoins du RGPD.

Au sens strict ce sont les systèmes d'informations qui sont créés ou mis en œuvre sans l'approbation des responsables de ces systèmes.

En termes de données et au sens large, cela recouvre aussi bien des commentaires qui vont être rajoutés dans des zones qui leur sont dédiées mais sans les identifier comme des données personnelles ou dans des espaces où ils ne devraient pas se trouver, que des données qui vont être créées sur les appareils personnels des salariés et introduites plus ou moins volontairement ou consciemment dans les systèmes d'informations de l'entreprise.

Cela va donc être toutes les données qui ont été créées sans être identifiées comme personnelles et qui demeurent dans le système d'information à l'insu de ceux qui le gèrent.

Cela a est régulièrement le cas très récemment avec des commentaires sur les **fiches de salariés** ([8]), de tels commentaires constituant des données personnelles.

Le fait de ne pas avoir conscience qu'une donnée est personnelle est une des principales difficultés rencontrées et démontre que la transition vers le RGPD est d'abord et avant tout une question de prise de conscience de ses principes et de ses effets. Elle n'est possible qu'en commençant par une sensibilisation des directions et une formation des équipes.

Ce n'est que sur cette base que pourra démarrer la première étape technique de la transition vers le RGPD, la cartographie des données et des traitements.

Mais avant d'en arriver à mettre en œuvre cette réforme il faut continuer à l'explorer pour la comprendre.

# # 5

# Utilisation de nos données personnelles : quels sont nos droits ?

Tout le monde est forcément concerné par le RGPD puisque nous avons tous des données personnelles. Si le Règlement n'est pas fait pour empêcher les personnes de fournir leurs données personnelles à qui ils veulent (il n'est pas fait pour défendre les personnes contre elles-mêmes), il leurs donne les moyens de les contrôler.

Ce sont donc les moyens que le Règlement fournit aux « personnes concernées » que nous allons envisager cette fois. Et à leur sujet, les effets du Règlement seront extrêmement visibles, à commencer par un très fort renforcement de leur information et des conditions pour obtenir leur consentement.

## L'information

Le texte détaille les mentions à faire figurer lorsque les données sont collectées auprès des personnes elles-mêmes ou de façon indirecte.

# Une information concise, formulée en des termes clairs et précis doit être délivrée à la personne concernée par le traitement.

Le Règlement établit une liste très détaillée des informations que doivent fournir les entreprises aux personnes concernées. Par exemple :

- Du droit d'introduire une réclamation auprès de l'autorité de contrôle,
- Des coordonnées de cette autorité,
- Des détails de tout transfert de données hors de l'Union Européenne et des mesures de protection qui seront prises au sujet de ces transferts,
- Des coordonnées du délégué à la protection des données (DPO), dans le cas où un tel DPO aurait été désigné.
- …

## La notion de consentement

Il convient de rappeler la notion de consentement : il s'agit de toute manifestation de volonté, libre, spécifique, éclairée et univoque par laquelle la personne concernée accepte, par une déclaration ou un acte positif clair, que des données à caractère personnel la concernant fassent l'objet d'un traitement.

Le responsable du traitement doit conserver un enregistrement de ce consentement.

## Le profiling

Les techniques de profilage sont l'un des outils de traitement de données dont le Règlement se préoccupe le plus. Il s'agit en effet de méthodes qui ont particulièrement inquiétées le législateur européen.

On emploie aussi très souvent le terme anglais : « *profiling* ». Il va s'agir de :

\# *« Toute forme de traitement automatisé de données à caractère personnel consistant à utiliser ces données à caractère personnel pour évaluer certains aspects personnels relatifs à une personne physique, notamment pour analyser ou prédire des éléments concernant le rendement au travail, la situation économique, la santé, les préférences personnelles, les intérêts, la fiabilité, le comportement, la localisation ou les déplacements de cette personne physique ».*

Concrètement, il s'agit de l'usage du big data, associé aux algorithmes qui sont créés pour l'analyse et la prédiction du comportement, des achats, du rendement, des déplacements, des préférences, etc... d'une personne physique.

Cette liste n'a pas d'autres limites que celle de l'imagination de tous ceux qui se sont emparés des nouveaux métiers qui sont apparus autour du traitement des données : Data Scientist, Data Analyst, ...

Pour savoir si on se trouve effectivement en présence d'actions de profilage telles que visées par le texte, il faut que l'action ne nécessite aucune intervention humaine, donc des actions entièrement automatisées qui reposent sur la mise en œuvre d'un algorithme.

Les traitements qui ne sont pas entièrement automatisés et dans lesquels au moins une partie du choix est réalisé par l'intervention de personnes sont donc exclus de la notion de profilage.

Le Règlement dispose que :

\# *« La personne concernée a le droit de ne pas faire l'objet d'une décision fondée exclusivement sur un traitement automatisé, y compris le profilage, produisant des effets juridiques la concernant ou l'affectant de manière significative de façon similaire ».*

L'action de profilage est donc possible dans le cadre d'un contrat, ce qui est parfaitement logique puisqu'en pareil cas, la personne concernée aura donné son consentement pour la réalisation de cette action !

A notre avis, il faudra, pour que cette autorisation donnée par voie contractuelle n'aboutisse pas à un affaiblissement des objectifs poursuivis par le Règlement, que les « *personnes concernées* » soient à la fois conscientes de ce qu'elles acceptent dans le cadre du contrat et qu'elles se trouvent dans une situation où elles pourront se permettre de refuser l'action de profilage.

En effet, ici l'action de profilage ne repose pas sur une collecte de données personnelles, elles sont à la disposition du responsable du traitement via le contrat et elles vont être utilisées pour aboutir à une décision concernant la personne mais pas obligatoirement concernant ses données personnelles.

Quoi qu'il en soit, cette partie du Règlement est promise à « *un bel avenir* » et la CNIL en a donné un avant-goût avec la décision qu'elle vient de prendre au sujet du système de sélection pour le second degré des bacheliers dit **APB** ([9]) « Admission Post-Bac ».

Le 28 septembre 2017, la Présidente de la CNIL a mis en demeure le ministère de l'Enseignement Supérieur, de la Recherche et de l'Innovation de cesser de prendre des décisions concernant des personnes sur le seul fondement d'un algorithme et de faire preuve de plus de transparence dans son utilisation.

## Le droit à l'oubli (ou « droit à l'effacement »)

Une autre notion importante pour les personnes concernées est celle du droit à l'oubli.

Cette notion est consacrée par le nouveau Règlement sur la base de la jurisprudence qui avait été dégagée par la Cour de Justice de l'Union Européenne mais qui ne s'appliquait qu'aux moteurs de recherche.

\# **Le Règlement offre la possibilité aux individus de demander l'effacement de leurs données dans le cas où leur traitement n'est pas justifié par un motif légitime.**

Ce droit à l'effacement peut s'appliquer dans six cas :

- les données ne sont plus nécessaires au regard des finalités pour lesquelles elles sont collectées ou traitées,
- la personne a retiré son consentement au traitement de ses données,
- la personne a exercé son droit d'opposition et il n'existe pas de motif légitime impérieux pour le traitement,
- le traitement est illicite,
- l'effacement correspond au respect d'une obligation légale,
- les données ont été collectées dans le cadre d'une offre de services de la société de l'information faite à des personnes mineures.

De plus, lorsque ce droit à l'effacement trouve à s'appliquer, le responsable du traitement est alors tenu d'informer l'ensemble des responsables des traitements qui ont bénéficié de ces données que la personne concernée a demandé l'effacement de tout lien vers ces données ou de toute copie ou reproduction de celles-ci. Il doit le faire en utilisant les technologies qui sont à sa portée.

Cela fait le lien avec les droits et obligations des responsables du traitement que nous traiterons dans le prochain chapitre.

Ce type d'obligation induit que les responsables du traitement, pour pouvoir y répondre, aient mis en place les outils, généralement informatiques, et les processus nécessaires bien avant que ces demandes leurs parviennent.

La capacité à répondre aux demandes des personnes concernées doit être envisagée dans la conception même des traitements et être maitrisée par les équipes.

Bien entendu, il existe des exceptions à ce droit à l'effacement, il s'agit de :
- la liberté d'expression et d'information,
- le respect d'une obligation légale,
- un motif d'intérêt public dans le domaine de la santé,
- de l'archivage dans l'intérêt public à des fins de recherche scientifique, historique ou statistique,
- la constatation, l'exercice ou la défense de droits en justice.

## Le droit à la limitation du traitement

Une autre nouvelle notion est celle du Droit à la limitation du traitement.

\# **Ce concept, plus complexe, s'applique lorsque la personne concernée ne souhaite pas qu'un traitement se poursuive et lorsqu'il existe néanmoins des raisons ou un besoin à ce qu'il soit maintenu en partie et le cas échéant de manière temporaire.**

Cette limitation peut être obtenue dans quatre cas :

- le responsable du traitement doit vérifier l'exactitude des données relatives à la personne concernée qui conteste le traitement,
- le responsable du traitement doit apprécier la légitimité des motifs d'une demande d'opposition de la personne concernée,
- quand les données qui sont sur le point d'être effacées « *sont encore nécessaires à la personne concernée pour la constatation, l'exercice ou la défense de droits en justice* »,
- quand le traitement est illicite mais que la personne concernée préfère la limitation de l'utilisation des données la concernant à leur effacement.

La limitation entraîne le gel temporaire du traitement des données qui ne peuvent alors faire l'objet que d'une conservation, à l'exclusion de tout autre usage, sauf si la personne concernée donne son consentement à une autre forme de traitement ou que leur traitement est nécessaire à « *la constatation, l'exercice ou la défense de droits en justice (...), la protection des droits d'une autre personne physique ou morale, ou encore pour des motifs importants d'intérêt public de l'Union ou d'un État membre* ».

## Le droit à la portabilité

Le droit à la portabilité permet à une personne de recevoir les données la concernant dans « *un format structuré, couramment utilisé et lisible par machine* ».

Cela va être notamment en vue d'une transmission à un autre tiers. Par exemple, pour les transmettre à un concurrent afin de faire jouer la concurrence.

Mais cela ne peut concerner que les données :

- transmises volontairement par la personne (dans le cadre d'un formulaire, un contrat...),
- et collectées du fait de son activité.

Et bien sûr sans porter atteinte aux droits et libertés des tiers.

Le Règlement a aussi pour objectif de faciliter le contrôle des personnes sur leurs données en leur permettant de les faire transmettre d'un interlocuteur à un autre et donc d'un partenaire économique à un autre.

## Protection spécifique des mineurs

Enfin, les personnes mineures font l'objet d'une protection spécifique.

Les traitements qui portent sur une offre directe de services aux enfants ne sont licites que lorsque l'enfant est âgé d'au moins 16 ans. Mais les États membres peuvent abaisser cet âge par la loi, sans qu'il ne puisse toutefois être inférieur à 13 ans.

\# **Si l'enfant est âgé de moins de 16 ans (ou n'a pas l'âge fixé par l'État membre), le traitement n'est licite que si, et dans la mesure où, le consentement est donné ou autorisé par le titulaire de l'autorité parentale.**

Le responsable du traitement doit s'efforcer raisonnablement de vérifier, en pareil cas, que le consentement est donné ou autorisé par le titulaire de l'autorité parentale à l'égard de l'enfant, compte tenu des moyens technologiques disponibles.

Cela ne va pas être facile à démontrer et nous verrons dans le prochain chapitre que ce n'est pas la seule des nouvelles contraintes ou formalités qui pèsent sur le responsable du traitement.

# # 6

## Comment mettre en place le RGPD dans son entreprise – qui en sont les acteurs ?

**A**vec la mise en place du RGPD, toutes les organisations européennes (entreprises, associations, collectivités...) qui traitent des données personnelles vont devoir mettre en place des actions pour être en conformité avec ce nouveau Règlement.

Parmi elles, la création d'un registre des traitements pour presque toutes les organisations va être une priorité d'ici mai 2018. Et c'est ce document qui va être au cœur des préoccupations des quatre principaux acteurs de la mise en œuvre du RGPD : le responsable du traitement, le DPO, les cotraitants et sous-traitants.

Avant d'expliquer le rôle de tous ces acteurs, il est important de comprendre ce qu'est le registre des traitements, clé de voûte du Règlement.

### Le registre des Traitements

Le registre des traitements est un fichier qui liste de façon exhaustive tous les traitements de données personnelles ainsi que leurs caractéristiques.

Il n'est obligatoire que pour les organisations de plus de 250 salariés et pour les entreprises de moins de 250 salariés qui mettent en œuvre des traitements qui :

- Comportent un risque pour les droits et libertés des personnes concernées ;
- Ne sont pas occasionnels ;

- Portent notamment sur les catégories particulières de données.

Il est néanmoins conseillé à toutes les organisations de tenir ce registre des traitements.

Le registre devra contenir :

- Le nom et les coordonnées du responsable du traitement ;
- Les différents traitements de données personnelles ;
- Les catégories de données personnelles traitées ;
- Les différentes catégories de personnes concernées ;
- Les objectifs poursuivis par les opérations de traitements de données ;
- Les acteurs (internes ou externes) qui traitent ces données (identification des sous-traitants éventuels) ;
- Les flux de données en indiquant l'origine et la destination des données, afin notamment d'identifier les éventuels transferts de données hors de l'Union européenne ;
- Les durées de conservation ;
- La description générale des mesures de sécurité techniques et organisationnelles.

Il existe un modèle tableur sur le site de la **CNIL** ([10]) et l'offre logicielle se développe très rapidement en la matière.

Il est néanmoins nécessaire de préciser que les informations qui sont à indiquer dans le registre ne sont pas les mêmes pour le responsable du traitement et pour un sous-traitant, qui sont deux des acteurs de la mise en en œuvre du Règlement dans les organisations.

## Les acteurs de la mise en en œuvre du Règlement dans les organisations

Les deux principaux acteurs de la mise en œuvre du nouveau Règlement sont le responsable du traitement et le *Data Protection Officer* ou « DPO ».

Les autres acteurs qui sont spécialement visés par le Règlement dans leurs titres, leurs rôles et leurs statuts sont les sous-traitants et les cotraitants.

Mais il faut aussi évoquer ceux qui, sans que le Règlement ne les mentionne, seront actifs dans la mise en œuvre du Règlement, aux côtés du responsable du traitement.

Seront en première ligne les responsables des services informatiques (DSI), les directions juridiques et, dans les organisations où il y en a un, les RSSI (Responsables de la Sécurité des Systèmes d'Information).

Sont aussi concernés tous ceux qui dans l'organisme auront accès au système d'information ; ils doivent donc tous être formés ou au moins sensibilisés aux obligations du Règlement.

L'existence d'une charte pour l'usage des données personnelles sera pour cela un outil utile et probablement nécessaire.

Cette réforme va être l'occasion pour chacun d'aller au-delà de ses compétences de base et de s'intéresser selon les cas à la **technique ou au droit** ([11]).

Au minimum il y a toujours un responsable du traitement,

## Le responsable du traitement

Nous aborderons la responsabilité qui pèse sur lui dans un prochain chapitre. Avant, il faut d'abord comprendre de qui il s'agit.

Il est toujours au sommet de la hiérarchie de l'entreprise, de la collectivité ou de l'association ; le responsable du traitement est celui qui a la responsabilité de l'organisation.

Son rôle sera en pratique très différent selon qu'un DPO aura ou non été désigné.

Contrairement à un malentendu qui s'est rapidement répandu après la publication du Règlement, le DPO n'est ni systématiquement obligatoire... ni toujours nécessaire lorsqu'il n'est pas obligatoire.

S'il n'y a pas de DPO, il sera systématiquement nécessaire qu'une personne soit clairement identifiée dans l'organisation comme étant celle en charge des traitements et ce, principalement lorsque le Dirigeant ne se sera pas emparé du rôle.

Cette personne n'aura pas de statut légal et son titre pourra varier d'une entreprise à l'autre, le plus simple est de l'appeler Responsable de la Protection des Données (RPD).

Le responsable des traitements demeurera donc le responsable légal de l'application du RGPD et donc de la mise en en œuvre de l'accountability, de l'utilisation des instruments ou encore de la tenue du registre des traitements.

La seule échappatoire pour lui est de signer une Délégation de Pouvoir mais de telles délégations sont complexes à écrire et ne peuvent en aucun cas exister au profit du DPO en raison de son statut.

La situation sera très différente quand un DPO aura été nommé.

## Le D.P.O.

Cet acteur très important de la mise en œuvre de la réforme a été créé par le nouveau Règlement. Il vient remplacer le Correspondant Informatique et Libertés (CIL) avec un rôle, un statut et surtout des pouvoirs beaucoup plus importants. Le CIL ne deviendra donc pas automatiquement DPO.

Pour Monsieur Bruno RASLE, délégué général de l'AFCDP, (l'association des CIL qui va devenir l'association des DPO), « **Le CIL est légitime à devenir DPO... sous conditions** » [12].

En français, le *Data Protection Officer* ou DPO peut être traduit par Délégué à la Protection des Données. Mais il semble que l'acronyme DPO se soit déjà imposé pour le désigner.

Il y a donc cinq questions à se poser au sujet du DPO : quand, qui, pourquoi, quel moyen, et comment ?

### Dans quels cas doit-on nommer un DPO ?

Il est obligatoire pour :

- Les autorités ou les organismes publics ;
- Les organismes dont les activités de base les amènent à réaliser un suivi régulier et systématique des personnes à grande échelle ;
- Les organismes dont les activités de base les amènent à traiter à grande échelle des données dites « sensibles » ou relatives à des condamnations.

Sont considérées comme des activités de base, les opérations clés de l'organisme, celles qui sont inextricablement liées à son activité et qui lui sont nécessaires pour atteindre ses objectifs.

Selon le G29 (l'organisation qui regroupe toutes les autorités de contrôle de l'Union), ne sont pas considérées comme telles par exemple : les activités de paye et de support informatique.

Le G29 estime qu'un suivi régulier doit être compris comme opéré à des intervalles de temps réguliers sur une période donnée, cela peut être aussi un suivi ayant lieu de manière constante ou périodique.

Un suivi systématique est lui décrit comme mis en œuvre de manière préparée ou méthodique, dans le cadre d'une stratégie ou d'un projet prédéfini.

Enfin, pour le G29, un traitement sera à grande échelle au regard du nombre de personnes concernées par le traitement, du volume de données ou de l'éventail des données traitées. Il faudra aussi prendre en compte la durée ou le caractère permanent du traitement mis en œuvre ainsi que l'étendue géographique du traitement.

En dehors de ces cas de désignations obligatoires, la désignation d'un DPO est encouragée et lorsque ce choix existe, sa désignation auprès de l'autorité compétente sera une décision stratégique et importante de la direction de l'organisation.

La différence entre DPO et RPD réside dans le fait que le responsable du traitement aura l'obligation légale de suivre le conseil du DPO alors qu'il n'aura qu'un intérêt stratégique à le faire lorsqu'il s'agira d'un RPD.

La personnalité et les compétences du DPO seront donc fondamentales.

### Qui peut être nommé DPO ?

Il doit être désigné sur la base de ses qualités professionnelles et de sa capacité à accomplir ses missions et pour cela il doit :

- Posséder des connaissances spécialisées de la législation et des pratiques en matière de protection des données ;
- Posséder une connaissance du secteur d'activité et de l'organisme pour lequel il est désigné ;
- Disposer de qualités personnelles et d'un positionnement lui donnant la capacité d'exercer ses missions en toute indépendance.

L'indépendance est une notion fondamentale, il doit être protégé de tout conflit d'intérêt.

C'est la raison pour laquelle il ne peut être ni DSI, ni Directeur juridique et qu'il ne doit pas appartenir à leurs services.

De notre point de vue, il peut cumuler ses fonctions avec celle de RSSI mais à la condition que ce soit le DPO qui ait, à titre complémentaire la fonction de RSSI et en aucun cas l'inverse. Et surtout que ce cumul ne permette à personne de porter atteinte à son indépendance.

Il paraît toutefois logique que les conseils de sécurité informatique que le DPO donnera puissent porter sur tout le système d'information de l'organisation et pas seulement sur le traitement de données personnelles.

Il doit être rattaché au plus haut niveau de la hiérarchie et donc directement au responsable du traitement.

Sa lettre de mission doit refléter cette indépendance.

## Quelles sont les missions d'un DPO ?

Le DPO est chargé de mettre en œuvre la conformité au RGPD de l'organisme au sein duquel il a été désigné.

Il est principalement chargé :

- d'informer et de conseiller le responsable du traitement ou le sous-traitant, ainsi que leurs employés ;
- de contrôler le respect du Règlement et du droit national ;
- de conseiller l'organisme sur la réalisation d'une analyse d'impact relative à la protection des données et d'en vérifier l'exécution ;
- de coopérer avec l'autorité de contrôle et d'être le point de contact de celle-ci.

Il n'est pas personnellement responsable en cas de non-conformité de son organisme avec le Règlement.

C'est pour ces raisons que le responsable du traitement sera dans l'obligation de suivre les conseils que le DPO lui donnera en toute indépendance. S'il ne le fait pas, le DPO sera dans l'obligation de relater ce refus lors d'un contrôle de l'autorité (en France la CNIL)...

Pour pouvoir accomplir cette mission il devra en avoir les moyens.

## De quels moyens doit pouvoir bénéficier un DPO ?

Le DPO doit bénéficier du soutien de l'organisme qui le désigne.

L'organisme devra donc :

- s'assurer de l'implication du DPO dans toutes les questions relatives à la protection des données (exemple : communication interne et externe sur sa désignation) ;
- lui fournir les ressources nécessaires à la réalisation de ses tâches (exemples : formation, temps nécessaire, ressources financières, équipe...) ;
- lui permettre d'agir de manière indépendante (exemples : positionnement hiérarchique adéquat, absence de sanction pour l'exercice de ses missions...)
- lui faciliter l'accès aux données et aux opérations de traitement (exemple : accès facilité aux autres services de l'organisme) ;
- veiller à l'absence de conflit d'intérêts (le DPO ne peut occuper des fonctions qui le conduisent à déterminer les finalités et les moyens d'un traitement, il ne peut pas être juge et partie).

Mais le DPO ne sera pas toujours un salarié de l'organisation, il pourra s'agir d'un prestataire externe.

## Comment choisir son DPO ?

La désignation d'un DPO interne n'est pas toujours la solution et au regard du « *profil* » de ce type de poste, qui inclut un certain niveau de rémunération et des moyens importants à mettre à sa disposition ; cette désignation interne n'est pas toujours possible.

Pour cela :

- Les organismes peuvent aussi désigner un délégué externe à leur structure qui exerce alors ses missions sur la base d'un contrat de service.
- Le DPO peut, sous certaines conditions, être mutualisé, c'est-à-dire désigné pour un groupe d'entreprises.

Dans tous les cas :

- Il doit être facilement joignable à partir de chaque lieu d'établissement ;
- Il doit être en mesure de communiquer efficacement avec les personnes concernées et de coopérer avec l'autorité de contrôle.

Selon le Contrôleur Européen de la Protection des Données, le RGPD entraînera le recrutement de 28 000 DPO dans l'Union Européenne.

Ce poste important, haut placé dans la hiérarchie, bien payé, bénéficiant de pouvoir et de moyens, **déclenche à l'heure de son apparition des ambitions et des passions** ([13]).

Le responsable du traitement et le DPO sont les acteurs que le Règlement prévoit pour la mise en œuvre du RGPD dans l'organisation, il fixe aussi le régime juridique de deux autres acteurs qui étaient ignorés par les législations précédentes : le cotraitant et le sous-traitant.

## Les cotraitants ou responsables conjoints du traitement

Le Règlement parle de responsables conjoints du traitement.

Lorsque deux responsables du traitement, ou plus, déterminent conjointement les finalités et les moyens du traitement, ils sont les responsables conjoints du traitement.

Ils doivent définir de manière transparente leurs obligations respectives pour s'assurer du respect des exigences du Règlement.

Et notamment, ils doivent le faire en ce qui concerne l'exercice des droits de la personne concernée et un seul point de contact peut être désigné dans l'accord signé entre les responsables.

Il faut des contrats mais les contrats n'ont d'effet que pour ceux qui les signent.

Les personnes concernées pourront exercer leurs droits à l'égard et à l'encontre de chacun d'entre eux quels que soient leurs accords.

Quant au sous-traitant, son statut et son rôle bénéficient d'une description plus large dans le Règlement.

### Le sous-traitant

Le Règlement encadre les possibilités de recours à la sous-traitance et définit une responsabilité conjointe dans le traitement des données.

Il est défini comme la personne physique ou morale, l'autorité publique, le service ou un autre organisme qui traite des données à caractère personnel pour le compte du responsable du traitement.

Il s'agit d'une personne juridique distincte du responsable du traitement, qui est donc son client.

La loi impose au responsable du traitement un contrôle effectif sur le sous-traitant.

La CNIL a édité **un guide pour accompagner les sous-traitants** (¹⁴).

Elle y explique que les sous-traitants sont tous les organismes qui traitent des données personnelles pour le compte d'un autre organisme, dans le cadre d'un service ou d'une prestation. Et que sont notamment concernés :

- les prestataires de services informatiques (hébergement, maintenance, ...),
- les intégrateurs de logiciels,
- les sociétés de sécurité informatique,
- les entreprises de service du numérique ou anciennement sociétés de services et d'ingénierie en informatique (SSII) qui ont accès aux données,
- les agences de marketing ou de communication qui traitent des données personnelles pour le compte de leurs clients,
- ...

Le sous-traitant ne traite les données que sur instruction documentée du responsable du traitement et doit prendre toutes les mesures de sécurité requises.

Il ne peut pas « re-soustraiter » sans autorisation écrite du responsable du traitement.

Il doit aider le responsable du traitement à garantir le respect de ses diverses obligations.

Il doit tenir un registre des catégories de traitements effectués pour le compte du responsable du traitement et dans certains cas désigner un DPO.

Dans le prochain chapitre, nous étudierons la nature et le régime de responsabilité qui est prévu par le Règlement et par la loi pour tous les responsables des traitements de données personnelles.

# # 7

# Les transferts de données hors de l'Union Européenne

S i le Règlement a pour vocation de créer un régime juridique unique dans toute l'Union Européenne, les traitements de données personnelles ne s'arrêtent pas toujours à ses frontières. Le RGPD prévoit des règles pour encadrer les flux de données hors de l'Union Européenne.

Pour cela, il distingue principalement trois types de pays : ceux qui sont reconnus par la Commission Européenne comme bénéficiant d'un niveau de protection suffisante, le cas spécifique des États-Unis et enfin tous les autres pays du monde.

Pour ces autres pays, sans protection « adéquate », même la décision d'une juridiction ou d'une autorité ne permet pas d'opérer un transfert qui ne soit pas fondé sur un accord international, tel qu'un traité d'entraide judiciaire.

Il ne sera possible de réaliser des traitements qui induisent des transferts de données dans ces autres pays que s'ils sont fondés sur des « *garanties appropriées* » ou s'ils peuvent s'inscrire dans des « *situations particulières.* »

\# **Quelle que soit la méthode, l'esprit est que le citoyen européen ne perde pas les droits que lui donne le Règlement à l'occasion d'un transfert de données hors de sa zone d'application, l'Union Européenne.**

Le Règlement exprime cette volonté en disant que les citoyens européens doivent se voir fournir des « garanties appropriées ».

Pour autant, sur ce sujet, si le Règlement a apporté une simplification, il n'aboutit pas à une réelle clarification, l'enchevêtrement des systèmes restant relativement complexe en rentrant dans le détail de ces différents régimes.

## Transfert de données vers un pays ayant un niveau de protection adéquat

Un certain nombre de pays, dont la liste a vocation à s'élargir, sont reconnus par la Commission Européenne comme garantissant un niveau de protection « *adéquat* » selon des critères précis qu'énonce le Règlement.

Ces pays sont pour l'instant relativement peu nombreux. Il y a, par exemple, la Nouvelle-Zélande, l'Argentine, la Suisse, Israël ou le Canada.

Cette reconnaissance leur est attribuée après analyse de leur régime de protection des données qui doit être au moins équivalent à celui de la législation de l'Union Européenne. La Commission tient compte, en particulier de l'état de droit, du respect des droits de l'homme et des libertés fondamentales, de la législation en la matière, de l'existence et du fonctionnement effectif d'une autorité de contrôle indépendante.

Avec ces pays, il est possible de faire circuler librement des flux de données personnelles mais, bien sûr, en respectant les règles de la législation européenne et celles que le pays concerné applique sur son territoire.

## Transfert de données vers les États-Unis

Les États-Unis sont un cas particulier. Ils bénéficient d'une convention spécifique, le *Privacy Shield*, entrée en vigueur en 2016 après l'annulation du *Safe Harbor* par la Cour de Justice.

Il est possible de s'y référer pour transférer des données personnelles mais sous la condition que les entreprises destinataires se soient préalablement inscrites sur un registre tenu par l'administration américaine.

\#  **En s'inscrivant sur ce registre, les entreprises américaines prennent l'engagement d'apporter des garanties sur le traitement des données personnelles qui leur sont confiées.**

Avant de transférer des données à caractère personnel auprès d'une entreprise établie aux États-Unis qui déclare être certifiée, les entreprises européennes doivent s'assurer que la société américaine dispose d'une certification active (les certifications doivent être renouvelées tous les ans) qui couvre les données en question.

Un mécanisme d'évaluation régulier du fonctionnement de ce système existe comme pour tous les pays qui sont déclarés comme ayant un niveau de protection adéquat par la Commission Européenne mais cela n'empêche pas le Privacy Shield d'être à la fois critiqué sur le caractère effectif de la protection qu'il apporte et sur le respect de ses règles par les entreprises américaines qui y adhèrent.

Cet accord fait l'objet d'une procédure devant la Cour de Justice de l'Union Européenne. Les pronostics les plus nombreux prédisent une annulation du *Privacy Shield*, comme cela avait été le cas du *Safe Harbor*.

## Transfert de données vers le reste du monde

Pour les pays qui ne sont pas reconnus par l'Union Européenne comme bénéficiant d'une protection adéquate, le Règlement apporte une simplification par rapport à la législation précédente car, jusqu'à présent, les transferts de données personnelles étaient soumis à autorisation.

Désormais, le responsable du traitement ou le sous-traitant peut transférer des données à caractère personnel vers un pays tiers ou à une organisation internationale sans autorisation préalable s'il a lui-même prévu des garanties appropriées pour que les personnes concernées disposent de garanties effectives et recours et qu'il pourra en justifier dans le cadre de l'accountability.

\# **C'est au responsable de traitement de s'assurer que la protection apportée sera suffisante et il doit pour cela intégrer tous les critères qui permettront de le vérifier dans le registre des traitements.**

Pour parvenir à ce but, des garanties appropriées ou des règles d'entreprise contraignantes vont pouvoir être utilisées.

Une autorisation de l'Autorité compétente demeurera nécessaire si l'entreprise veut utiliser des clauses contractuelles originales ou des dispositions dans des arrangements entre des personnes publiques.

## Garanties appropriées

Le responsable du traitement peut effectuer des transferts s'il est capable de démontrer qu'il existe des garanties appropriées parmi celles qui figurent dans la liste suivante :

- Un texte contraignant et exécutoire entre les autorités ou les organismes publics ;
- Des règles d'entreprise contraignantes « *binding corporate rules* » ou « BCR » ;
- *Des clauses types de protection des données adoptées par la Commission ;*
- Des clauses types de protection des données adoptées par une autorité de contrôle nationale et approuvées par la Commission ;
- Un code de conduite approuvé sur lequel le responsable du traitement ou le sous-traitant dans le pays tiers s'engage ;
- Un mécanisme de certification approuvé.

Mais le responsable de traitement pourra toujours demander à l'autorité de valider des clauses contractuelles originales.

Dans cette liste, les règles d'entreprise contraignantes « *binding corporate rule*s » ou «BCR» méritent des explications complémentaires.

## Les BCR

Il s'agit de règles internes qu'une entreprise va adopter et surtout auxquelles elle va s'obliger pour tous les transferts de données pour lesquels ils pourront s'appliquer.

\# **Au résultat, elles seront le mode d'emploi des transferts de données de la structure qui les aura adoptés hors de l'Union Européenne et des pays qui ne bénéficient pas d'une décision d'adéquation.**

De telles règles d'entreprise contraignantes ou *Binding corporate rules* (BCR) devront être mises en application par toutes les entités concernées du groupe d'entreprises (ou du groupe d'entreprises engagées dans une activité économique conjointe).

C'est une nouveauté du Règlement qu'elles puissent être appliquées dans une activité économique, une filière par exemple et pas uniquement par des structures qui appartiennent légalement à un même groupe. Cela est possible car elles ont une nature contractuelle et il suffit donc d'y adhérer.

Dans tous les cas, les règles et principes prévus par les BCR devront être appliqués systématiquement et donc pas simplement de façon juridique par la structure mais de façon pratique par l'ensemble des employés de l'entreprise.

Lorsqu'il lui sera demandé de les valider, l'autorité compétente devra, entre autres, vérifier que ces BCR :

- Précisent une liste de critères dont l'application des principes généraux relatifs à la protection des données ;
- Garantissent les droits des personnes concernées à l'égard du traitement et les moyens d'exercer ces droits ;
- Prévoient des procédures de réclamation, un mécanisme de coopération avec l'autorité de contrôle, une formation appropriée en matière de protection des données pour le personnel ayant un accès permanent ou régulier aux données à caractère personnel...

Enfin, les transferts seront possibles par dérogation dans certaines situations particulières.

## Dérogations pour des situations particulières

Les transferts sont possibles sans autorisation dans une liste de cas :

- La personne concernée a donné son consentement explicite au transfert envisagé, après avoir été informée des risques que ce transfert pouvait comporter pour elle en raison de l'absence de décision d'adéquation et de garanties appropriées ;
- Le transfert est nécessaire à l'exécution d'un contrat entre la personne concernée et le responsable du traitement ou à la mise en œuvre de mesures précontractuelles prises à la demande de la personne concernée ;
- Le transfert est nécessaire à la conclusion ou à l'exécution d'un contrat conclu dans l'intérêt de la personne concernée entre le responsable du traitement et une autre personne physique ou morale ;
- Le transfert est nécessaire pour des motifs importants d'intérêt public ;
- Le transfert est nécessaire à la constatation, à l'exercice ou à la défense des droits en justice ;
- Le transfert est nécessaire à la sauvegarde des intérêts vitaux de la personne concernée ou d'autres personnes, lorsque la personne concernée se trouve dans l'incapacité physique ou juridique de donner son consentement ;
- Le transfert a lieu au départ d'un registre qui, conformément au droit de l'Union ou au droit d'un État membre, est destiné à fournir des informations au public et est ouvert à la consultation du public en général ou de toute personne justifiant d'un intérêt légitime, mais uniquement dans la mesure où les conditions sont prévues.

Le transfert est aussi possible pour un cas spécifique qui nécessite des critères cumulatifs :

- Il ne revêt pas de caractère répétitif,
- Il ne touche qu'un nombre limité de personnes concernées,
- Il est nécessaire aux fins des intérêts légitimes impérieux poursuivis par le responsable du traitement sur lesquels ne prévalent pas les intérêts ou les droits et libertés de la personne concernée,
- Le responsable du traitement a évalué toutes les circonstances entourant le transfert de données et a offert, sur la base de cette évaluation, des garanties appropriées en ce qui concerne la protection des données à caractère personnel.

Mais dans ce cas, le responsable du traitement doit informer l'autorité de contrôle et fournir à la personne concernée toutes les informations normales sur le traitement de ses données du transfert et des « intérêts légitimes impérieux » qu'il poursuit.

Chaque traitement de données hors des frontières de l'Union devra donc faire l'objet d'une attention toute particulière pour appliquer à la fois les règles générales du Règlement et celles spécifiques à ce type de transferts.

# # 8

# Les institutions de la protection des données

S i le RGPD réforme le traitement de données personnelles, il réforme également les institutions qui sont en charge de le mettre en œuvre et de contrôler son application.

Le but de cette réorganisation est d'adapter les institutions à l'une des principales nouveautés du Règlement : le fait que le même régime juridique va s'appliquer à l'identique sur l'ensemble du territoire de l'Union et pour tous ceux qui y vivent.

Il était donc nécessaire de décloisonner les institutions qui ne pouvaient plus fonctionner dans leur cadre national pour qu'elles se coordonnent entre elles dans une pratique harmonisée.

# **La principale de ces transformations, celle qui va le plus impacter les personnes et les responsables du traitement, c'est la création du « guichet unique ».**

Le Règlement va aussi créer un Comité Européen de la Protection des Données dont la compétence couvre tous les pays de l'Union.

Il rénove le rôle du Contrôleur Européen à la Protection des Données et il réaffirme celui des autorités de contrôle national indépendantes, à savoir, en France, la CNIL.

## Le guichet unique

Le guichet unique, en anglais dénommé « *One-stop-shop* », concerne toutes les organisations qui auront des traitements de données impliquant des transferts dans l'Union mais en-dehors de leur pays d'origine.

Le but est de simplifier la circulation des données personnelles dans l'Union Européenne pour que les entreprises, collectivités ou associations n'aient à traiter qu'avec l'autorité de l'Etat où elles ont leur activité ou leur établissement principal, même lorsque la situation concerne des traitements et des personnes qui se trouvent dans d'autres pays de l'Union.

Ce sera ensuite aux autorités de contrôle des différents Etats de coopérer entre elles.

\# **L'autorité de contrôle de l'établissement principal ou unique de l'entreprise agira donc à titre « *d'autorité chef de file* ».**

Les autorités de contrôle de chaque pays traiteront les réclamations déposées dans leurs États respectifs et les feront suivre à l'autorité chef de file de de l'organisme responsable du traitement.

Elles exerceront leur rôle sous la coordination du Comité Européen de la Protection des Données.

## Le Comité Européen de la Protection des Données

En cas de difficulté, une coordination sera assurée par le Comité Européen de la Protection des Données.

Ce Comité (European Data Protection Board - EDPB) sera composé de représentants de toutes les autorités de contrôle indépendantes de l'Union.

Il remplace le « G 29 » qui était l'organisme qui réunissait déjà les autorités compétentes de tous les pays mais sans les pouvoirs qui sont attribués par le Règlement au Comité Européen de la Protection des Données.

Il exerce ses missions et ses pouvoirs en toute indépendance.

\# **Il aura vocation à assurer une application cohérente du Règlement et aura aussi des missions de surveillance, de conseil et de diffusion de lignes directrices.**

Le Comité pourra adopter des décisions contraignantes quand, par exemple, il existera des points de vue divergents entre deux autorités de contrôle nationales.

## Le Contrôleur Européen à la Protection des Données

Le Contrôleur à la Protection des Données est une autorité de contrôle indépendante déjà existante.

Son rôle actuel était tourné vers les institutions de l'Union. Il avait pour fonction de protéger les données à caractère personnel, la vie privée et de promouvoir les bonnes pratiques dans les institutions et organes de l'Union Européenne.

Avec le nouveau Règlement, le Contrôleur Européen à la Protection des Données devient aussi l'institution en charge du secrétariat du Comité Européen de Protection des Données ; il voit donc son rôle et son importance considérablement accrus.

## Les autorités compétentes indépendantes nationales

En France, il s'agit de la CNIL. Elle perd la fonction d'enregistrer les déclarations de traitement mais le Règlement confirme le rôle des autorités indépendantes.

Les autorités indépendantes de toute l'Union vont donc devoir se coordonner au sein du Comité Européen de la Protection des Données mais elles ne vont toujours avoir une action aussi importante dans leurs États respectifs.

Le Règlement détaille les principes de leur organisation et de la désignation de leurs membres afin de garantir leur fonctionnement et leur indépendance.

Surtout, il détaille la longue liste de fonctions et d'actions qu'elles vont devoir assurer.

Chaque autorité de contrôle est compétente pour exercer les missions et ses pouvoirs sur le territoire de l'État membre dont elle relève.

Sans être exhaustif, il est possible de citer, parmi les principaux pouvoirs et fonctions que liste le Règlement :

- Le contrôle de l'application du Règlement et de son respect,
- La sensibilisation du public,
- Le conseil du Parlement national, du gouvernement et des autres institutions et organismes,
- La sensibilisation des responsables du traitement et des sous-traitants,
- Le traitement des réclamations introduites par une personne concernée ou par un organisme, une organisation ou une association,
- L'adoption des clauses contractuelles et encourager l'élaboration de codes de conduite ou de mécanismes de certification ainsi que de labels et de marques en matière de protection des données,
- L'autorisation des clauses contractuelles et l'approbation des règles d'entreprise contraignantes,
- ...

La liste se terminant par l'invitation à ce que l'Autorité Indépendante « *s'acquitte de toute autre mission relative à la protection des données à caractère personnel* ».

Et bien sûr, les autorités indépendantes de chaque pays ont le rôle fondamental de sanctionner l'absence de respect des règles du Règlement avec une logique et des sanctions qui seront détaillées dans le dernier chapitre.

Elles ont des pouvoirs d'enquête qui leur permettront, par exemple :

- D'ordonner au responsable du traitement de leur communiquer toutes les informations dont elles auront besoin pour l'accomplissement de leurs missions,
- De mener des enquêtes sous la forme d'audits sur la protection des données,
- D'obtenir du responsable du traitement et du sous-traitant, l'accès à toutes les données à caractère personnel et à toutes les informations nécessaires à l'accomplissement de ses missions ...

Elles ont aussi le pouvoir d'adopter des mesures correctrices telles que :

- Avertir un responsable du traitement du fait que les opérations de traitement envisagées sont susceptibles de violer les dispositions du présent Règlement,

- Ordonner au responsable du traitement de satisfaire aux demandes présentées par la personne concernée qui exerce ses droits,
- Mettre les opérations de traitement en conformité avec les dispositions du Règlement...

Elle dispose de pouvoirs d'autorisation et consultatifs tels que conseiller le responsable du traitement, d'émettre des avis, d'agréer des organismes de certification.

Au résultat, il ne s'agit pas d'une simple réorganisation mais de donner aux institutions chargées du contrôle et de l'harmonisation de la mise en œuvre du Règlement une mission plus large.

Elles doivent réussir à ce que les valeurs portées par le Règlement s'appliquent concrètement. Pour cela, elles devront résister à un retour des particularismes nationaux.

Enfin, elles devront à imposer ces règles aux entreprises mondiales pour lesquelles l'Europe n'est qu'un des marchés de leur développement.

# # 9

# Les mécanismes de contrôle et les sanctions prévues

L a plupart des présentations du Règlement mettent en avant les sanctions administratives très importantes qui y sont prévues.

Cela donne à tort l'impression que ce Règlement est avant tout répressif et que sa mise en œuvre va se faire par et grâce à la peur des amendes et de leurs montants.

C'est doublement faux car, d'abord, le rôle des autorités de contrôle a toujours été et sera toujours en premier pédagogique, la sanction étant le résultat de l'échec de la méthode « douce ».

Et aussi car les amendes ne sont ni les seuls outils coercitifs qui existent dans cette législation, ni probablement ceux qui vont le plus fréquemment être mis en œuvre pour la faire respecter.

Il est donc nécessaire de commencer par comprendre la logique de contrôle avant de s'intéresser au détail des mesures et sanctions.

## La logique de contrôle

Les autorités disposent d'un arsenal diversifié pour agir, avant d'en arriver à des amendes administratives et aussi pénales.

Le texte, tout d'abord, s'attache à ce que les personnes concernées aient toujours un « recours effectif », face à une utilisation qu'elles trouveraient non conforme ou fautive de leurs données personnelles.

Avant que l'autorité administrative indépendante (en France, la CNIL) ou l'autorité judiciaire n'ait éventuellement à intervenir, c'est aux individus que le Règlement fournit des instruments pour contrôler le traitement de leurs données et, le cas échéant, réclamer la réparation de leur préjudice.

\# **La logique de mise en œuvre du Règlement n'est donc pas celle d'un appel systématique à l'autorité pour prendre en charge la défense des titulaires de droits mais bien la possibilité pour chacun d'agir par lui-même.**

Il est important d'insister sur cette notion car elle est assez antinomique avec la logique française habituelle.

Le réflexe en France est plutôt de porter plainte en espérant que l'autorité va se charger de faire respecter les droits du plaignant plutôt que d'essayer de faire soi-même respecter ses droits.

Le Règlement renforce le principe que les personnes concernées pourront, avant de s'adresser à l'autorité judiciaire (c'est-à-dire les forces de l'ordre ou les tribunaux) ou à l'autorité compétente (la CNIL), réclamer le respect de leurs droits directement auprès du responsable du traitement. Et surtout elles pourront réclamer une indemnisation.

\# *« Toute personne ayant subi un dommage matériel ou moral du fait d'une violation du présent Règlement a le droit d›obtenir du responsable du traitement ou du sous-traitant réparation du préjudice subi. »*

Ce risque d'avoir à réparer le préjudice subi doit donc être à l'esprit de tout responsable du traitement au moins autant, sinon plus, que celui de subir des sanctions administratives.

## Réparer le préjudice

Ce type d'action va rapidement apparaître dans les garanties « défense et recours » des assurances des particuliers, pour qu'ils puissent être aidés à obtenir le respect de leurs droits par les juristes de leurs assureurs ou des avocats.

# **Si une action individuelle peut ne pas paraître très effrayante, les responsables doivent garder à l'esprit que la logique de « traitement » des données personnelles induit que les problématiques ne concernent rarement qu'un seul individu.**

Il est probable que des legaltech se créent à ce sujet et le projet de l'activiste autrichien Max Schrems « NOYB » (www.noby.eu), qui est une organisation non gouvernementale (ONG) de défense des droits des citoyens de l'Union en la matière, a vocation à agir sur tout le territoire de l'Union Européenne.

Ce type d'organisation pourra agir via des actions de groupe. Le Règlement autorise la personne concernée à mandater un organisme, une organisation ou une association à but non lucratif qui a été valablement constitué conformément au droit d'un État membre.

Cette organisation doit agir dans l'intérêt public et dans le domaine de la protection des droits et libertés des personnes sur le sujet de la protection des données à caractère personnel.

## Action de groupe

Dans ces conditions, l'organisme peut regrouper les actions de toute une série de personnes

Cet outil juridique très puissant est, pour l'instant, d'un usage quasi inexistant dans le droit français même si une loi l'y a introduit récemment, dans des conditions trop étroites.

Néanmoins, cela ne sera réellement efficace que si ces actions permettent d'aboutir à des indemnisations, ce qui n'est pour l'instant pas prévu en France.

**# Il est possible que les actions des particuliers, individuellement ou en groupe, soient le vecteur principal de mise en œuvre du Règlement, plus que la peur des sanctions.**

Lorsque les actions des personnes, individuelles ou collectives, n'aboutissent pas, le Règlement prévoit la mise en place de recours administratifs ou juridictionnels à l'encontre des responsables du traitement.

Les personnes concernées ont tout d'abord le droit d'introduire une réclamation auprès d'une autorité indépendante. Chaque citoyen de l'Union peut le faire auprès de celle de l'État membre où il réside.

L'autorité indépendante joue pour lui le rôle d'un guichet unique, y compris si le responsable du traitement se trouve dans un autre pays de l'Union.

## Amendes administratives

Ces autorités (la CNIL en France) pourront, à l'issue d'un processus progressif, infliger des amendes administratives aux organismes responsables du traitement.

Elles peuvent aller, pour les manquements les moins sensibles, jusqu'à 10 millions d'euros ou 2% du chiffre d'affaires annuel mondial d'une entreprise ou d'un groupe et, pour les obligations les plus importantes, tels que les droits dont bénéficient les personnes concernées, monter jusqu'à 20 millions d'euros ou 4 % du chiffre d'affaires annuel mondial.

Il s'agit de montants maximums, non de ce qui va être appliqué à la moindre faute et encore moins systématiquement au plus grand nombre des responsables de traitement.

Mais il s'agit de montants suffisamment importants pour devenir plus que significatifs pour les entreprises dont l'activité est mondialisée et dont l'Europe n'est, non seulement, qu'une des zones d'action mais, surtout, pas leur pays d'origine.

\# **Pour certaines entreprises, on espère que la crainte de la sanction leur fera appliquer le Règlement, faute de parvenir à les convaincre de l'importance des valeurs qu'il porte.**
**Il s'agit, par exemple, de celles pour lesquelles le régime juridique des pays où elles ont été créées ne connaît pas de règles similaires, voire fonctionne sur des logiques très différentes.**

Le pari est d'envergure car il faudra qu'un grand nombre de pays du monde se rallient à la logique de protection de la vie privée et des données personnelles pour que cette réglementation soit un atout pour l'Europe et qu'elle n'ait pas les effets économiques négatifs que certains craignent.

La Convention pour la protection des données à caractère personnel, la « **Convention 108** » [15], qui est une convention internationale ouverte à la signature depuis le 28 janvier 1981 et actuellement en cours de révision, est le principal instrument de diffusion des valeurs européennes de respect des droits fondamentaux de la personne humaine au regard de l'application de la protection des données.

Mais dans tous les cas, la marge de manœuvre dans la mise en place de ces sanctions est très importante et la jurisprudence mettra plusieurs années à se caler.

Pour décider s'il y a lieu d'imposer une amende administrative et pour décider du montant de l'amende administrative, il sera tenu compte, dans chaque cas, d'une longue liste de critères.

Cela peut être :

- La nature, la gravité et la durée de la violation,
- La nature de la portée ou la finalité du traitement concerné,
- Le nombre de personnes concernées affectées,
- Le niveau de dommage qu'elles ont subi,
- Le fait que la violation ait été commise délibérément ou par négligence mais aussi toute mesure prise par le responsable du traitement ou le sous-traitant pour atténuer le dommage subi par les personnes concernées,
- Le degré de coopération établi avec l'autorité de contrôle...

Les autorités indépendantes pourront aussi mener des contrôles et des poursuites par elles-mêmes.

\# **Dans la logique du texte et dans celle de l'accountability, le montant de la sanction devra aussi être adapté par l'Autorité Indépendante en prenant en compte l'historique du respect par l'entreprise des principes du Règlement, de sa bonne foi et de son esprit de collaboration avec les autorités.**

C'est d'ailleurs l'esprit dans lequel la CNIL a toujours exercé ses pouvoirs de sanction.

Le montant sera donc sans aucun doute très différent si la défaillance est le résultat d'une absence de respect des règles et principes que chaque responsable du traitement doit être capable de démontrer dans le cadre de l'accountability ou si elle est le fait, par exemple, d'une attaque informatique que même une entreprise très sécurisée n'a pu prévenir.

Bien sûr, pour certaines obligations particulièrement importantes, ne pas pouvoir justifier de leur mise en œuvre aboutira presque systématiquement à des sanctions.

Le fait, par exemple, de ne pas avoir informé les personnes concernées d'une faille de sécurité dans les 72 heures aboutira plus que probablement à une sanction mais, même dans ce cas, les circonstances seront étudiées pour adapter la sanction

## Escalade des sanctions

L'action de l'Autorité Compétente commencera généralement par un avertissement ou une mise en demeure.

La plupart des plaintes reçues par la CNIL aboutissent à une suite favorable pour le demandeur grâce aux avertissements qui sont d'abord émis, s'il n'y a pas d'urgence.

# Seul un petit nombre de plaintes débouchent sur des mises en demeure, qui elles-mêmes n'aboutissent que très rarement sur des sanctions.

C'est à la fois une marque d'efficacité de la part de la CNIL et la démonstration que la sanction administrative n'est pas la solution privilégiée.

La sanction peut aussi consister en une limitation temporaire ou définitive d'un traitement, à la suspension d'un flux de données...

Elle pourra prendre la forme d'une ordonnance de satisfaire aux demandes d'exercice des droits des personnes : de la rectification, de la limitation ou de l'effacement des données ; au retrait d'une certification...

## La réputation du responsable du traitement

Ce n'est généralement qu'après que tous ces types de sanctions aient été envisagés qu'une amende administrative sera infligée.

# Dans tous les cas, les sanctions pourront faire l'objet d'une publication et c'est aussi cette mauvaise publicité, cette atteinte à sa réputation que l'organisme doit craindre.

En plus des actions individuelles ou collectives et des sanctions administratives qui relèvent du pouvoir de l'autorité indépendante de chaque pays, il existe aussi en France un arsenal très important de sanctions pénales.

## Sanctions pénales

Elles figurent principalement dans une section spécifique du Code Pénal intitulée : « *les atteintes aux droits de la personne résultant des fichiers ou des traitements informatiques* ». Il contient une liste impressionnante d'infractions venant sanctionner la plupart des obligations en matière de traitement de données personnelles.

Pour autant, les procès sur le fondement de ces infractions pénales sont peu nombreux.

Les exemples de décisions de justice condamnant les responsables du traitement à des sanctions pénales en raison de la violation des obligations de la loi de 1978, pour l'instant applicable, sont rares.

Les condamnations pénales, si elles ne sont pas inexistantes, sont assez exceptionnelles.

En 2017, une personne a été condamnée à à 5 000 euros d'amende pour des faits de traitements de données à caractère personnel sans autorisation ; il s'agissait de données médicales de mineurs.

Pour cette responsabilité pénale, il faut distinguer la responsabilité de la personne morale de l'éventuelle responsabilité du dirigeant ; les deux peuvent être poursuivis selon les circonstances.

Ce qui est sûr, c'est que ce sera le dirigeant qui sera poursuivi et non le DPO s'il y en a un. Il ne pourra pas se voir attribuer une délégation de pouvoir.

## Les délégations de pouvoir

Une délégation de pouvoir est un acte par lequel le dirigeant d'une organisation transfère une partie de ses pouvoirs à l'un de ses collaborateurs qui va non seulement exercer ce pouvoir à la place du dirigeant mais aussi en assumer la responsabilité.

Il ne faut pas confondre les délégations de pouvoir avec les délégations de signatures par lesquelles le dirigeant autorise une personne à engager l'entreprise, la collectivité ou l'association en son nom mais demeure responsable des conséquences.

Seule une délégation de pouvoir permettra au représentant de l'organisme de s'exonérer de sa responsabilité.

Il faut pour cela qu'il justifie de la mise en œuvre effective d'une délégation valide.

Un DPO, de par son statut, ne pourra pas se voir attribuer une délégation de pouvoir.

Et pour être valable, la délégation de pouvoir et de responsabilité doit être certaine, expresse et limitée à un domaine précis.

Le délégant doit être dans l'impossibilité réelle de veiller personnellement au respect de la réglementation, compte tenu de la taille de l'entreprise mais aussi de sa structure.

Le délégataire doit être doté de la compétence (y compris en termes de connaissance de la réglementation applicable), des moyens et de l'autorité nécessaires à l'accomplissement des tâches qui lui sont déléguées.

Dans tous les cas, cette protection ne fonctionnera que dans le seul domaine couvert par la délégation et le dirigeant ne devra pas avoir pris personnellement part à l'infraction.

Une délégation pourra toujours être invalidée par un juge s'il ne l'estime pas réelle.

L'arsenal répressif destiné à garantir la mise en œuvre du Règlement est donc à la fois considérable et sévère mais laisse une très grande marge de manœuvre aux personnes concernées, aux autorités indépendantes et aux juridictions pour la réalité de son utilisation.

# #  +

# Références

**1.**  Article 8 : Droit au respect de la vie privée et familiale.
« 1. Toute personne a droit au respect de sa vie privée et familiale, de son domicile et de sa correspondance »

**2.**  Article 8 : Protection des donnés à caractère personnel
- 1. Toute personne a droit à la protection des données à caractère personnel la concernant.
- 2 Ces données doivent Être traites loyalement, à des fins détermines et sur la base du consentement
de la personne concerne ou en vertu d'un autre fondement légitime prévu par la loi. Toute personne a le droit d'accéder aux données collectes la concernant et d'en obtenir la rectification.
- 3. Le respect de ces règles est soumis au contrôle d'une autorité indépendante.

**3.**  https://www.ipc.on.ca/privacy/protecting-personal-information/privacy-by-design/

**4.**  https://www.cnil.fr/fr/reglement-europeen/lignes-directrices

**5.**  https://www.legalis.net/jurisprudences/cour-de-cassation-chambre-criminelle-arret-du-8-septembre-2015/

6. https://www.legalis.net/actualite/une-adresse-ip-dynamique-est-une-donnee-personnelle/

7. http://plus.lesoir.be/117843/article/2017-10-05/les-donnees-des-patients-vendues-par-des-hopitaux-franchi-une-ligne-rouge

8. https://www.challenges.fr/entreprise/branleur-boulet-la-drole-de-notation-des-interimaires-d-une-plateforme-leroy-merlin_504770

9. https://www.cnil.fr/fr/admission-post-bac-apb-mise-en-demeure-pour-plusieurs-manquements

10. https://www.cnil.fr/fr/cartographier-vos-traitements-de-donnees-personnelles

11. https://www.cxp.fr/content/news/edito-vers-plus-de-juridique-pour-les-dsi

12. http://www.zdnet.fr/actualites/le-cil-est-legitime-a-devenir-dpo-sous-conditions-39856872.htm?utm_content=buffer6bd69&utm_medium=social&utm_source=twitter.com&utm_campaign=buffer

13. https://www.lesechos.fr/idees-debats/cercle/cercle-173964-gdpr-il-faut-siffler-la-fin-de-la-recre-il-est-temps-que-le-dsi-reprenne-son-autorite-2116356.php#xtor=CS1-3

14. https://www.cnil.fr/fr/reglement-europeen-sur-la-protection-des-donnees-un-guide-pour-accompagner-les-sous-traitants

15. https://www.coe.int/fr/web/data-protection/convention108-and-protocol

roduct-compliance

.012

56353201 *